울컥

울컥

김기양 시집

詩와에세이

2014

차례__

제1부

제2부

제3부

제4부

제1부

님이기에

좋은데
어려운데
때론 가까이 하기에는
너무 먼 그런 사람처럼

편하게
웃고 싶은데
늘 텅 빈 사람
너무 작은 사람으로 곁에 서 있다

구멍 난 낙엽처럼 흔들리며
가을 소낙비에 젖어
무게를 지탱하기에 힘이 든다

별을 헤이며

눅눅한 고향의 내음이
가을을 재촉하는 바람에
코끝이 아리하다

밤하늘이
참 밝아
그믐달님이 소나무 끝에 서성인다

이 밤 홀로 잠 못 이루고

누구인가를 기다리고 있다
동그랗게
네모나게
세모진
그리운 얼굴들
저려오는 진통

별을 헤인다

끈

혹시 끊어지지나 않을까
손 내밀면

금세라도 닿을 수 있는 거리이지만
행여 숨어버리면 어쩌나

지긋이
노을 지는 하늘에
별들은 총총히 떠있다

하늘은
같은 느낌과 색깔의
표정으로 다가올 수 있는 걸까

당기고 당겨도
끊어질 수 없는…

인연

마음 가는 대로
주고 싶은 대로
그렇게 살아가자

이제 막 걷기 시작한 걸음마
중턱을 오르는 사람
정상에 도달한 사람
올랐다고 끝이라 할 수 있을까

산과 산으로 이어지는 것처럼
인생의 인연법
또한 무한의
길이가 있듯이

이렇듯
한 걸음 한 걸음 걸을 수 있다는 것은
참, 행복이라

인생의 인연이란
흐르고 흐르는
산맥이거늘

사랑이란

사랑하면 사랑한다고
보고프면 보고프다고 있는 그대로 말을 하지

어렵게 따지지 말고
손꼽고
재고 튕기고

하나를 주면서
둘을 더 생각하고
더하고 빼는 거 하지 말아야지

계산 없이 사는 것이
남들은 바보라 하지만
더 비워야 채울 수 있는 거지

넘치면 안되지
바보처럼 사는 게 맞는 거지

등 돌린다 미워 말고
외롭다 울지 말고

할 말이 태산인 것도
그저 묻고 묻고 사는 거지
그렇게,
그렇게,
계산 없이,

독곳리 바닷가에서

모든 긴장 풀고
세상에서 제일 편한
어머니 품으로 가고 싶다

모든 시름 풀고
세상에서 제일 편한
풀잎처럼 눕고 싶다

모든 구속 풀고
나만의 공간 속으로
훨훨 나는 새가 되고 싶다

한시도 쉬지 않는 그리움 속에
한시도 쉴 수 없는 세상 앞에
해송마저 발목을 잡는 현실
구름처럼 둥둥 흐르고 싶다

밤 바닷가에 서서

눈 주위가
참, 뜨겁다

바닷새

어둠이 밀려온다
여울이 노을에 반짝인다
눈부신 나는 어둠 속으로 묻혀간다

깊은 곳
푸른 곳
수렁 같은 잠에 빠져든다
물고기들도 잠이 든다

이 밤
깊숙한 바닷속으로
새가 되어 뛰어든다

불빛 하나 보인다

약속 없는 내일 꿈꾸며
어둠을 질주한다

세월의 용기

한번 어긋난 마음 흐릿해질지언정
치유되지 않으리

보이지 않는 수렁에 떨어지는 공포는
두렵지 않으리

그 세월 속에 자신을 묻어놓고
포장하며 살아온 세월의 아픔

주검이 된들 잊으리
끊을 수 없는 끈을
감고 또 감고
다시 태어나리

놓치지 않으려고
발버둥 친 것은
들키지 않았던 용기였으리

가을을 재촉하는 바람소리

늘 변함없이 반복되는
대산거리
떠날 때와 돌아왔을 때의
의미가 다른 곳

사람 사는 것이 별거 아니지만
결코 별거 아닌

사는 것이 삶이거늘

가을을 재촉하는 바람이
소똥 냄새를 몰고 오고

찡하며
고향의 그리움들이 밀려온다

잠 못 이루는 가을밤
어디서 들리는 귀뚜라미소리

그저 서글픈 밤이다

세상 좁은 줄 모르고

달님도 취하고
나도 취하고
또 하루
물색없이 나이 값도 못하는
나는 사오정이 된다

내 어머니 말씀에
돌아서서 후회할 말은 하지 말라 하셨는데
술기운에
내뱉은 쓸모없는 언사는
마귀가 와서
심술을 또 부린 듯싶다

벗어날 수 없는 현실에
세상 좁은 줄 모르고
또
허둥거린다

독곶리 포구

서해 바닷속에는
고기가 살고 있을까
남해 동해 먼 바다에 살고 있는
길쭉하고 통통한 고기들도 살고 있을까

먼지 펄펄 나는 증설 현장에는
낯선 사람들끼리 모여
낯선 사투리를 섞어가며
낯선 손짓으로
하루를 산다

해질 무렵
고단한 사람들 돌아가는 길
독곶리 낯선 포구에서
고단한 노을이 진다

나 거기에서

내가 바다라면 파란 눈빛 되어
가끔은
지나는 바람 되어
갈매기에게
입맞춤해 줄 텐데
강태공의 낚싯줄을 잡아당기며
넌지시 장난도 칠 터인데

그저
그저
똑딱이는 시곗바늘소리에
자장가 삼아
하루를 되뇌이며
지는 해를 보내고
또 다른
내일을 본다

내 나이에

그런저런 아픔들이
삶의 길모퉁이에서
진을 치고 있답니다

남은 시간만큼은 스스로를 위해
계획대로 지혜롭게
부족한 겸손함을 깨달으며
또 다른 것을 배우며 걷고 싶습니다

저무는 황혼 속에
내 나이 묻어놓고
예기치 않은 소낙비가 뿌릴지라도
그저
스스로를 믿고

나를
따르는 내가 되고 싶습니다

제2부

하루살이

부질없는 세월 속에
시간 따라 흘러온 지천명
순수했던 희망마저도
먼지 속에 날아가 버렸지만
화창한 날을 회상하며
하루의 문을 열어 보아요

꿈을 위한 자리가
존재하지 않더라도
터득하며
남아있는
시간만큼은 진실하고 싶어요

하루를 살기 위해
칠 년을 기다리는
하루살이를 바라보아요

대난지도

대난지도 가면
그림 한 점 나올까
서둘러 뱃길을 달린다

멀리 스쳐가는
이름 모를 작은 섬들이
파도소리에 밀려가고

돌 사이 부딪히는
파도소리에
나는 자꾸 작아진다

소리 없이 내리는 노을 뒤켠에
짐을 내리고
낯선 섬의 긴 어둠 속에

나는 깊은 꿈을 꾼다

사랑해

사랑해라는 단어가
세 글자라 참 다행이다

많지 않은 단어인데
그리 어려워 연습하고 고민하고
곱삭여 곱삭여 부르던 말
사랑해

평생을 살면서
얼마나 많은 사람이 사랑하고 살까
어려운 것도 아닌데
아무것도 아닌데
무겁고
어려운 말
사랑해

떠난 사람아

—근로자가 현장에서 사망사고 나던 날

아슴아슴 저려오는 시간
하루가 어찌 가는지
초침을 다투며
시간에 당도한 현장 근로자 식당

시장끼에 벌떼처럼 달려드는
삶을 업고 다니는 근로자들
다 식은 밥과 변변치 않은 이동식 식단
시시때때 약속하고
측은하고 미안하다

순간의 실수로 비명에 간 아픈 사람
젊고 젊은 나이에
저승길이 뭐가 좋다고
어린 자식 처자식을 버려놓고
그리 급하게 갔을까

휘몰아치는 현실과의 불협화음

현장소장 잠 못 이루고
마지막 말 한마디 못하고
처절하게 먼 길 떠난 사람아

현장의 크레인소리가
증설 현장을 날아다니고
슬피 우는 독곶리 황금산 자락
갈매기소리
떠난 사람의 눈물이련가

유통기한

누구인가 그랬다
이제 그만 내려놓으라고
손에 잡히지 않는 과거를
한평생 여자로 살지 못한
보상 받을 수 없는 청춘

안방의 훈훈함을 마다하고
사랑채로 들어선 사람
어쩌다
군불 한번 지펴 따뜻함을 느끼지만
이내 식어가는 줄 모르고
동지섣달 황소바람
문풍지에 스미는 서러움을 몰랐던가 보다

어찌 보면 다단계 인생인 듯한 삶
유통기한이 다 되어
흔들리고
뼈골에 바람 들고

석양에 물든 화려한 일몰은
너무도 아름다운데

까칠해져만 가는
퇴색되어가는 모습
뒤돌아본다

지금의 내 삶은 바닥이다

바닥의 고통이 있어야 성공할 수 있다 했다

지금 내 삶은 바닥이다
굴러 떨어지고
밀려 떨어지고
할퀴어 피가 흐르고
늘 원망하고
남을 탓하고
스스로 퇴색되어
코끝 시리게 눈에 이슬이 맺힌다
딛고 일어서리라
바닥의 존재감을 느끼리라
그래
쇼윈도 안에 진열된 내 삶
황금산 자락 바닥을 드러낸 갯벌에 서서
저녁노을 붉게 물든
석양이
넘어가길 기다리는

거부할 수 없는 삶

하루를 마무리하며
색깔 없는 이슬로 삶을 지킨다

벽

어둡다
앞이 보이지 않는다
부딪힌 상처의 무늬가 아름답지 않다

칼끝처럼 날카로움으로 찌르는 벽
세상을 거부한 자살의 벽
아픔을 등진 이별의 벽

사방을 둘러본다
나갈 수 있는 문을 찾는다
벽.
벽.
벽.
어딘가에
문이 있을 것 같은데

빛이 보이는 소리가 들린다
희망의 문을 찾는다

겨울 이끼

약속은 속수무책이 되고
가치 없는 인격체로

끝없는 나락으로 추락하고
신뢰와 믿음을 상실한다

불신감의 기류가 날아다니고
굳게 닫힌 자존심마저 상처를 입는다

어쩔 수 없는 현실
살아남기 위함이려니

겨울 이끼처럼 살아남기 위해

오늘도
도시락에 찬을 담는다

누구인가

누구인가
낯선 모습
낯선 현실
멍하니 운전대에 혼을 맡기고 질주하는 여자
라디오에 흘러나오는 음악
색깔 없는 물이 되어 볼을 타고 흐른다

그 여자,
과거의 모습은 온데간데없고
거칠고 퇴색한 몰골이
참으로 처량하다

거부할 수 없는 현실
버릴 수 없는 몸과 마음을
자동차 바퀴에 합류시킨 채
그저 묵묵히 질주를 한다

한 개를 얻기 위해

두 개를 버려야 되었고
한 번의 인정을 받기 위해
열 번의 상처를 입었다

마음의 정화

때로는
철지난 바닷가에서 나신를 드러낸 갯벌을 걸으며
흠씬 울고 싶을 때가 있다
흙탕물로 범벅이 된
가슴을 정화시키기 위해
가난한 속내
보잘것없는 현실

증설 현장을 오가며
5,000원 어치의
도시락을 나르며
허기진 근로자들의
배를 채우며
때로는 흠씬 울고 싶을 때가 있다

아름답게 하루를 장식하며
이별을 하는 석양의 노을
웅크리고 있는 영혼을

맑은 피로 염색할 수는 없는 걸까

해가 뜨고
달이 뜨고 눈보라치고
소낙비와 태풍을 맞으며
늘 위험한 현실에
날 흠씬 울리곤 한다

보낼 수 없는 편지를 쓰다

새벽에 눈을 뜨면
또다시
잠을 이루지 못한다
참 고역이다

핸드폰 자판을 두드리며
속 깊은 곳에서 화를 끌어내어
퇴고하고 수정하고
보낼 수 없는 편지를 쓴다

정직하게 서 있는 아파트 창들
한 줌의 빛도 보이지 않는다
외로운 작은 별이 되어
먼동이 뜨길 기다리는

삶의 한 형태를 생각할 수도
비정상적인 형상은 그렇게 아침이 온다
퍼런 칼날들이 날아다닌다

아. 네. 네.

고개를 자연스레 끄덕이며
달콤한 말로 지키지 못할 약속을 한다

귀향

파도소리 울림 사이사이
외로운 갈매기 울고
낯선 바다의 갈매기 울음소리와
더불어
살아온 세월들이 오 년 세월이 지났다

적막에 애태우고
세상 바람에 피눈물 흘리고
야산 헐어 조립식 이 층 건물을 올려
먼지 펄펄 나는 증설 현장
화학 안개가 높은 하늘에 솟아오르고

현장 컨테이너 문을 열며
붉어진 얼굴로
코끝이 시려오는 진통에
눈물 고였던 시간들

아침에 눈을 뜬다는 사실이 부담스러워

새벽 시간을 부여안았던 세월
철새도 귀향을 꿈꾸며 산다는데
언젠가는 쓰러지는 기둥을 세우고
갈매기 추억을 안고 길을 떠나리

신진도

강태공이 전화가 왔다
신진도 앞바다에서 낚시하여 농어를
잡았다고 한 접시 드시겠냐구
때마침 친구가 위문을 왔다
올커니 잘됐구나 달려간다

먼 섬 잔잔하다
바다에서만 볼 수 있는 아득한 수평선
어선의 돛사이 떨어지는 노을
바다에 물든 석양
노을도 지천명이다

점 농어 그럴싸한 놈이 올라온다
푸른빛 흔들리는 회 한 접시
금방 비워지는 소주 한 병

나도 취하고
친구도 취하고

뿌 웅

떠나가는 소리도 취한다

제3부

별이 내린다

해질 무렵
한적한 공단 어귀에 차를 세우고
무작정 걷는다

초겨울 바람이 옷깃을 여미게 한다
이름 모를 잡초들

갓 심은 아기 나무들 사이로
어둠이 스며든다

별들이 벌판으로 내린다

하나 둘
별을 헤인다

일탈

아직도 철이 들지 않은 걸까
순간 순간 일탈을 꿈꾸기 위해
오늘도 수많은 궁리를 한다

지금껏 살아온 삶이 바람이었을까
어둠보다 더 지독한 바람이 차게 들어온다

더 이상 매달리지 말자고
의지할 수 없는
아름답지 못한 추억에
눈물 따위는
흘리지 말자고
다짐하고 다짐하며 일탈을 꿈꾼다

독한 과거도 추억이 될까
아,
독한 약을 먹고 치유될 수 있다면
일탈을 꿈꾸지 않을 터인데

백지

백지에 글을 써 봅니다
지금껏 살아온 길을
앞으로 살길을 생각합니다

10년 후로 볼까
20년 후로 볼까

어떤 길이 쉽고 아름다울지
어떤 길이 멀고 험할지

백지는 답이 없습니다
나도 백지처럼 답을 하지 못했습니다

당신이 있었기에

수천 명들의 근로자들이
증설 현장을 벌떼처럼 오고 간다
5층 높이의 크레이너가 수백 톤의 철을 들고 곡예를 한다
각양각색의 배관들 줄지어 나열이 되고
그를 받히기 위한 장이들의
손길이 신기하기만 하다

진수성찬은 아니지만
과거를 잊고
지금의 모습을 묻어놓고
그들의 허기진 배를 채워줘야 한다

현실은 날 사랑해주지 않는다
진실을 가식으로 생각하는 사람뿐이다
삶의 주인공도
영화배우도 아니지만
누구 앞에 마음 놓고

모습을 드러내 보일 수도 없다

어떻게 살지언정
난 하루를 감사히 살려 한다
때로 날 기다려주는
당신이 있기 때문이다

직업

원했던 일이 아니었다
현실을 피할 수 없어 서산에 온 지 수년이 되었다
생도 본의의 의지대로는 살 수 없는 거지만
그럴싸한 권리조차 내세우지 못하고
이 자리를 지켜야만 했다
이 자리
두 눈에 많은 눈물을 돌출시킨 이 자리

여자이기보다는
아내이기보다는
어머니라는 이름 석 자
버팀목이 된 게 아니었을까
세상 어머니란 사람들이 어디 나보다 못 하겠냐마는
나름 그것이 자존심이었나 보다

처음부터 다시 이 길을 걸어야 한다면
마지못해 기어가는 것이 수월하리라
지난날 때깔 좋은 드레스와

화려한 내 모습은
이제 지난 추억이 되었을 뿐

지금은 5,000원짜리
밥장사 아줌마일 뿐이다

팔자소관

커피 한잔 들고 바닷가 방파제에 앉아
저무는 석양을 보니
참 슬프다는 생각이 든다
하루를 장식하는
저 노을은 참으로 아름다운데
왜 서러워질까

삼길사 염불소리가
삼길포 항 바닷물에 철렁인다
어쩜
수년 전에 이 사찰을 오가며
인간이 되었는지도 모른다

법당에 고개 숙인 여인이 측은했을까
늘상 따뜻한 차 한잔
따뜻한 목소리
비움과 내려놓음을 일깨워주신 스님의 말씀
어리석음에 노여움기도 했었다

따지고 보면 욕심이었을지도 모른다
멀리 있는 가족
삶이 그려진
현실의 길이 아니었을까

안흥포구

방황 없이 앞만 보고 살았다
시장끼처럼 자라는 상처
손톱 자르듯 깎고 갈고
그렇게 달려왔다

겨울바람이 쎄하다
갈매기도 추운가 보다
눈발이 오락가락 기승을 부리고
수많은 어선들이 포구에 머물고 있다
어선에게도 주민번호와 이름이 새겨져 있다

울적할 때 높은 산보다는
바다가 좋아 무작정 바다를 찾는다
바다는 갈채를 보내준다
노래도 불려준다

바다는 아름답다
행복하다

어선들이
낯선 사람들이
포구를 드나들고 있다

별들이 가끔씩 보인다

해묵은 탁자
이 빠진 항아리
텁텁한 막걸리 한 사발

소낙비 오던 날
그냥 그리워
포장마차에
바람을 안주 삼아 술을 마신다

도시락을 나르며 앙칼진 세상 마음으로 보고, 새로운 의미로 인연을 갈고 살아갈 때, 예기치 않았던 수많은 일들, 당혹감에 놀라고 움츠리고, 심장이 벌렁이며 하루를 마무리한다, 그렇게 살아있음을 확인하던 날, 난 바닷가에 앉아 서글픔에 펑펑 운다, 진즉 울어 버릴 걸, 고여 넘치지 않게 참으로 시원하다, 비가 그치려나 보다, 구름 피한 하늘 별들이 가끔씩 보인다,

그런데,

자꾸 웃음이 나온다

있었나요

누구인가를 의미를 부여안고
그리움에 잠든 날이 있었나요

현실이 도피하고 싶어 길고 긴 밤
슬픔에 잠 이루지 못 한 적 있었나요

고요 속에 똑딱이는 시계추소리
빗소리 들으며 빗방울을 세어본 적이 있었나요

마음먹기 달린 인생이라 하지만
덧없이 허망한 인생인 것도 생각해보았나요

밤과 밤사이 무수한 시간 속에
그리움을 삼키며 아픔의 노래를 불러보았나요

누구나 조금씩 눈물은 감추고 산다 하지요
누구나 조금씩 아픔을 안고 산다 하지요

바람이 불어요

만질 수도 볼 수도 없어요

행복 줍기

황금산 중앙리 바닷가에서는
노인네들이 감태를 긁느라 겹겹이 옷을 껴입고
입춘 추위에도 아랑곳없이 분주하다
속으로 속으로 흘렸던 지난 청춘,
이야기보따리에 바람마저 소스라친다
근력은 없고 남은 것은 입심, 해무가 무럭무럭 피어오르고,
그 바람 기별에 바닷물 술렁이고, 하얗게 피었던
그 연약했던 억새풀은 줄기만 남아 무시로 흔들린다

노년기의 추억 만들기
비록 허리 휘어지고
말조차 어둔하지만
황혼의 햇살인 날까지

누구에게도 허락 없이
휴일 없는 바다에 나와
행복을 줍는다

불면

자정이 넘었는데 잠이 오지 않는다
미련 없이 잠들고 싶은데
머리에는 온갖 몹쓸 생각들이
시끄럽게 떠돌아다닌다
그래서 아프다 그래서 슬프다
내일이 오는 것이 싫어서이다
영원히 눈을 감는 것도 아닌데
온통 방안은 어둠뿐인데
잡을 수 없는 시간에 애착을 부리고 있나
불면의 밤은 깊어만 가고
노을이 지고 어둠이 드리우면 내일의 태양이 뜨고
생의 드라마를 연출하는
어리석음에 또 새벽이 온다
하얀 백지에 일기를 써내려가고
하루종일 많고 많은 사연들을 나열해 보았다
옳고 그름을 그림으로도 그려본다
수많은 색깔들이 선도 없이 어지럽게 흩어져 있다
정리할 수 없는 그림 앞에 또 한밤을 지샌다

서해바다

황금산 자락은 영웅들의 집합장소이다
갯벌 위 햇살
구름 한 조각 비행을 하고
사리와 오금 때 불러주는 신비로운 바다

범선을 받아 만든
서산 갯마을 노래비의
조형물이 서 있고
몽유도원도를 그려낼 수 있는 서해
대기업들이 뿌리 내려
부를 상징한다

히뜩히뜩 피어있는 억새풀 사이
보름달 그림자 밟으며
도란도란 추억을 담는

채널 바뀌듯
오늘도 서산의 석양은

색깔이 다르다,

그렇구나

희나리

사는 게 별거 아니다 하지만
결코 별거 아닌 게 아니다
인생…
자신만이 알고 터득하고 살아야 한다
형식 또한 별거 아닌 것 같지만
결코 별거 아닌 게 아니다
헤어짐의 서류가 정리되면서
가슴이 시린 것은
서로의 원함이든 아니든
살아온 정 때문이다
불공평함과 불합리 속에서
서로의 인격에
성향 또한 다르기 때문이다
그러려니 눈감고 입 다물고 사는 것도
세월이 지나면 퇴색되어 간다
신뢰가 무너지면서
믿음이 깨지고 정은
가을 낙엽 떨어지듯 곤두박질하고

결국에 둥지는 태풍에 날아가 버린다
그것이 인생
그것이 신뢰이고 믿음이다

노을 속에 꿈을 그리며

바다와 갈매기소리 노래 삼아
부족하나마
묵향에 향기를 품어낸다

화선지에 배어나는 아름다움
바다가 불러주는 자연의 풍경
그것은 나에게
용기와 희망을 실어준 보석이었다

힘겨운 역경을
스스로 자제하지 못 할 때
바닷가에 서서 마음의 붓끝으로
묵향의 혼을 담았다

내 작은 걸음걸음 발자취에
남아있을 소박함이
욕심 없는
내 것이 되기를 꿈꾸며

미완성은 아름답다

사람은 세상의 빛을 보는 순간부터
혼자라는 외로운 틀을 갖고 태어난다 하지요
그 속에
살아가면서 서로를 알고 터득하고
부족함을 채우며 사는 게
우리의 삶이 아닐는지요

붓 끝으로 번지는 순수함
작은 가슴으로 끌어내어 작업을 하였습니다

그림과 시 작업은
외롭고 어려움을
견딜 수 있었던 유일한 버팀목이었습니다

익지 않은
미완성의 붓끝의 향기
완성되지 않은 저의 모습입니다

제4부

계약하던 날

올 겨울은 매년에 비해 따뜻했다, 도시락을 나르는데 무리 없이 잘 진행을 했다, 바다 해무가 봄소식을 전한다, 콘크리트 틈새에 민들레가 세상의 간을 보고 있다, 단 하루, 단 한 시간도 마음 편할 날 없었던 이 자리, 작은 서민으로써는 대기업을 어찌할 수 있는 힘이 없다, A용지 손에 들고 어설픈 사무실에 방문한 모그룹 관리팀, 도장을 찍는다, 수많은 사연을 안고 터를 잡았던, 이 자리를 떠나야 한다, 맨땅에 머리 박고 현장 컨테이너 사무실을 오가며, 경쟁업체들에게 떨어지지나 않을까? 노심초사 온 정성 다하며, 흐르는 눈물 남모르게 훔치고 뛰며 지켰던 이 자리 마음은 재산을 얻었고 가슴에는 수많은 사람들을 얻었다, 세상을 몰랐기에 울었고, 돈을 몰랐기에 울었고, 사람을 몰랐기에 울고 또, 울었다, 봄 햇살이 눈이 부시어 또 눈물이 난다,

세상을 보았고
살아가는 방법을 배웠다
세상 흐름에 따라가는 방법을 알았다

물살을 거슬러 올라가는 물고기처럼

물살을 거슬러 오르는 물고기처럼
거센 파도를 헤치듯 하루를 연다

물살에 찢기어가는 지느러미는 수없이 도리질을 치며
수궁을 헤매인다

가장 힘든 곡예를 하면서
입에 물방울을 뿜으며 살길을 찾는다

드라마의 주인공처럼
죽음 앞에 미소 지으며 물빛에 자신의 모습을 본다

지금,
나는 작은 옷을 끼워 입고
불편함을 느끼며 산다

몸에 맞추어보려
지느러미를 흔든다

추억

우리가 서 있는
이 순간만은
아름다운 추억으로
아팠던 날들을 추억 삼아 산다

그, 추억
힘이었고 친구였다

이 시간만큼은
마음 좌절과 실의에
허우적거려도
그 추억들은
진실한 힘을 주었다

잊혀지지 않는
주변머리 없었던 시간들마저도
아름다운 꿈이 되어
가슴에 묻는다

그들에게 행복한 모습을

피로가 밀려오는 오후 턱을 괴고 창밖을 본다
씁쓸한 생각이 든다
처음 이 땅에 발을 디디었을 때
여자이기보다는 어미로서 혀를 물었다
오뚝이처럼 넘어지고 일어서고
여자였지만 꿈 하나 묻고 살았다
승차권 없이 버스에 오른
그저 가는 데로 생각 없이 앞으로 앞으로만 갔다
그리워 그리운 님들
눈물로 지우고 가슴에 묻고
그리움이 시릴 때에는 현장 근로자들을 생각했다
잠깐의 휴식에 컵라면 하나
홍삼사탕 하나로 행복을 느끼는
그들만의 행복한 웃음을 보았다
그들의 마음을 본다
각자의 익점을 점유하기 위해
가면극으로 하루를 살지만
진실을 위해 하루의 문을 열었다

봄이다
사월의 꽃순들이 막 입을 열고 있다

갱년기

풋풋한 사과는 예쁘고 탄력이 있다
한 땀 한 땀
메꾸어가는 삶은 처음부터 선택이 아니었다
훅훅
달아오르는 햇살
등줄기로 주르르 흐르는 땀
윤기를 잃고
수세미 골절의 비명은
세월의 증표이다

떨어진 낙엽 속에
말라버린 모과

세월이
자식을 잉태해 자라듯
고절도 많은 세월을 잉태했다

남은 시간들이 멈추어지는

그 순간까지
얼마만큼 탄력 있는 삶으로
연출을 해야 되는지

남아있는 겨울방학 숙제
그 또한 수월하지 않다

바닷길

파도를 타고 바다 위를 달린다

선주가 재력이 없었던가 보다
시속 100킬로미터를 달리는 포장되지 않은 바닷길
전신을 흔들어놓는다
멀미가 난다
유행가가 흘러나온다
"내 나이가 어때서 사랑하기 딱 좋은 나이지"
이순을 바라보는 친구들
시끄러워 갈매기도 자리를 뜬다
코흘리개
그 시절에 서서 마냥 행복했다
메말랐던 정도
서해바다 한복판에서 출렁이고 있다
가기 싫은 길을 가야만 하고
먹고 싶지 않은 나이를 먹는 것이
못내 가슴 시리다

회갑이 되는 날
아마도 이날이 그리워지겠지

선주가
씨익 웃는다

참
아쉽다

밀가루 반죽

만남과 헤어짐은 순리이고
아쉬움이 남아있음은 사랑이 있음이리
좋은 인연의 만남은 자신을 관리하는데
숙제이고
그렇게 묻어 살아가는 것이 사람 사는 이치이려니

부자이건 가난뱅이든
머리가 가득 차 있든
머리가 텅 비어있든
그것이
살아가는데 중요한 것은 아니려니

아파 아파 피눈물을 흘렸거나
배꼽이 빠지게 웃어 행복하거나
청춘이든
백발이든
다 안고 살아가는 게 인생이려니

밀가루 반죽을 한 움큼 쥐어본다
밀가루 반죽은 손가락 사이로 삐져나온다
손바닥 안에는 조금의 잔여분만 남으리, 하여
내려놓음은 영원한
내면에 숙제로 남아있으리

비움과 채움

단독주택을 정리하고
역 주변 아파트로 이사를 했다
이른 새벽 기적소리는 곤한 잠을 흔들어놓는다
『당신이 있어 행복합니다』라는 책
서점을 지나다가 눈에 들어와 구입했다

내면의 풍경을 다 채울 수 없고
채워지지 않은 그리움마저
와류 속에 서 있고
실속 없이 요란스런 체인 속에
둘러싸여 하루를 산다

시간의 철학 앞에
시간을 종횡하고
뜬금없는 현실에
안전화를 신고 근로자들과 조율을 하며
비우는 연습을 한다

내가 누구인지 너는 누구인가,
늘 변명하는 삶

어우러지는 물이 회석되어
연해지길 바라는
오늘도 서산에 해가 진다

맷돌

일상을 걷는 사람들 속에
연민을 잃지 않는 촉촉한 사랑은 있다
때로는 회초리의 매보다 더 많이 아플 때도 있다
현실은 연민의 아픔과 슬픔을
무수히 떠오르게 한다

아귀다툼과 증오를 안고 사는 거
누구인가를 미워하고 야속해할 때
성능 좋은 맷돌이 되어
갈아 없애는 지혜로움을 키워본다

하이에나의 모습을 하고
동분서주 도시락을 나르며
일탈을 꿈꾸며 현실에 살아남기 위한
마지막 발악일지도 모른다

하얗게 떨어지는
이팝나무 꽃잎 속에

한 움큼 훔쳐내는 눈물을 감추며
맷돌이 되기 위해 내일로 간다

거울을 본다

일을 만들고 있다고 두렵지 않냐고 누구인가 말을 한다

무성했던 가지마저 타인에 흔들려
잎이 하나 둘 떨어져
길바닥에 나뒹굴 때
독곳리 갯바람은
유난히 차갑고 시려웠다

황금산 바위 너섶에
기를 쓰며 살기를 수년
많고 많았던 시련
내 존재를 버리고
또 다른 존재를
잉태하기 위한 아픔들이었다

아직도
오만의 불씨가 남아있는 것은 아닌지

늦은 밤
잠자리에서
마음의 거울을 본다

세월아, 세월아, 세월호야

마음이 웅그러져
어른들에게
비통함이 차오른다

티브이 화면이 묻혀진다
서서히 지워진다
그.
리.
고.
가슴에서 멀어져 간다
이것이 현실이었다

당신은 왜 사세요?

마음의 우주를 보기 위해
현실을 인정하며 문을 열어야 한다

당신은 왜 사세요?

진흙 속에 서 있는
내가 참 이쁘다
씽긋 웃어본다

움막집만한 마음을 넓히기 위해
움츠리고 살았던 내 안의 애
사랑할 수 있는 힘을 배우고
세상과 타협하는 자존감을 터득했다

마음의 보석함을 지키기 위해
여기까지 달려온
그래서
이쁘다

시인의 마음

하이얀 화선지 위에

물을 뿌리며

부드러운 선의

막히지 않은 빈 공간은

저를 닮아서입니다

어디인지 어리숙하고

채워지지 않은 어설픈 리듬

부드럽고 따스함의 선

또한

시인의 마음입니다

시인의 말

가파른 호흡으로 한참을 걸어왔다
다시, 문을 연다
과일은 자연의 힘으로 익어가지만
사람은 자신의 노력과 자존감으로
익어가는 것이 아닌가
익숙하지 않은 서해라는 땅을 밟으며
버거운 생활 속에
한 땀 한 땀 바느질을 하듯
흔적을 남긴다

2014년 가을
김기양

울컥

2014년 10월 17일 초판 1쇄 찍음
2014년 10월 24일 초판 1쇄 펴냄

지은이 _ 김기양
펴낸이 _ 양문규
펴낸곳 _ 詩와에세이

신고번호 _ 제319-2005-000014호
주소 _ (120-865) 서울시 서대문구 북아현로 16길 7 2층
대표전화 _ (02)324-7653, 070-8877-7653
팩시밀리 _ 0505-116-7653
휴대전화 _ 010-5355-7565
전자우편 _ sie2005@naver.com
공 급 처 _ 한국출판협동조합
주문전화 _ (070)7119-1741~2
팩시밀리 _ (031)944-8234~6

ISBN 978-89-92470-99-5 03810

* 책값은 뒤표지에 표시되어 있습니다.